# Die Stimme des Herzens

Eine
innige Beziehung
zu Gott

VON
SRI DAYA MATA

DAS BUCH *Die Stimme des Herzens* enthält verschiedene Auszüge aus den Ansprachen und Briefen Sri Daya Matas – Ansprachen während zwangloser Versammlungen in Amerika und in Indien, bei denen sie über verschiedene Gesichtspunkte des geistigen Lebens sprach. Diese Vorträge sind schon früher in der Zeitschrift *Self-Realization* und ebenfalls in den beiden Sammlungen *Only Love* (1976) und *Finding the Joy Within You* (1990) veröffentlicht worden.

Der Titel der im Verlag Self-Realization Fellowship,
Los Angeles, Kalifornien, erschienenen Originalausgabe lautet:
*Enter the Quiet Heart*   ISBN 0-87612-125-X

Übersetzung aus dem Englischen: Self-Realization Fellowship

Copyright © 1999 Self-Realization Fellowship
Alle Rechte vorbehalten

Mit Ausnahme von kurzen Zitaten in Buchbesprechungen dürfen keine Auszüge aus *Die Stimme des Herzens* (Enter the Quiet Heart) in irgendeiner Form ohne schriftliche Erlaubnis der *Self-Realization Fellowship*, 3880 San Rafael Avenue, Los Angeles, California 90065-3298, USA, weitergegeben oder auf irgendeine Weise reproduziert werden. Dies schließt die Aufnahme oder Wiedergabe durch elektronische, mechanische, fotomechanische oder anderweitige Mittel wie Tonträger jeder Art ein sowie die Speicherung in elektronischen Datenverarbeitungsanlagen und Speicherungssystemen jeglicher Art.

Autorisiert durch
*International Publications Council of
Self-Realization Fellowship*

Die *Self-Realization Fellowship* wurde 1920 von Paramahansa Yogananda zur weltweiten Verbreitung seiner Lehre gegründet. Name und Emblem der *Self-Realization Fellowship* (siehe oben) erscheinen auf allen SRF-Büchern, -Tonaufnahmen und anderen -Veröffentlichungen, damit der Leser sicher sein kann, daß ein Werk von der Organisation stammt, die Paramahansa Yogananda gegründet hat und die seine Lehre wahrheitsgetreu wiedergibt.

Erste deutsche Auflage 1999
ISBN: 0-87612-176-8
Druck: Kossuth, Ungarn
12852-54321

*Allen Menschen Liebe schenken, Gottes Liebe fühlen und Ihn in allen anderen Menschen erkennen ..., so sollte man in dieser Welt leben.*

*Paramahansa Yogananda*

# Vorwort

Jedes menschliche Wesen sehnt sich nach Liebe. Schon seit frühester Kindheit war dies das sehnsüchtige Verlangen meines Herzens; für mich hat das Leben ohne Liebe keinen Sinn. Doch ich wußte auch, daß mich eine unvollkommene Liebe nie befriedigen könne. Die Liebe, die mich zufriedenstellen könnte, müßte eine bedingungslose Liebe sein – eine Liebe, die mich nie enttäuschen kann. Meine Vernunft sagte mir, daß ich, um eine solch vollkommene Liebe zu finden, zur Quelle gehen müsse; ich müsse den Einen suchen, der allein in der Lage ist, solche Liebe zu schenken. Und so begann meine Suche nach Gott.

Ich war ein junges Mädchen von siebzehn Jahren, als ich auf meiner Suche einem Menschen begegnete, der mein Leben von Grund aus verwandelte. 1931 hatte ich das große Glück, einer Reihe von Vorträgen beizuwohnen, die in meiner Heimatstadt Salt Lake City von einem großen Gottmenschen, Paramahansa Yogananda, gehalten wurden.[1] In den nachfolgenden Jahren lernte ich von ihm, wie die lebenslange Sehnsucht meines Herzens – die Sehnsucht nach vollkommener, allerfüllender göttlicher Liebe – gänzlich erfüllt werden konnte: durch innige Verbundenheit mit dem Ewigen Geliebten unserer Seele.

Während meiner Reisen, die mich durch

---

[1] Siehe Seite 139, »Über Paramahansa Yogananda«.

verschiedene Erdteile führten, haben mich so viele Menschen gefragt: »Wie kann ich meinem Leben einen tieferen Sinn geben? Gibt es eine Methode, die innere Leere zu beseitigen und die unausgesprochene Sehnsucht meines Herzens zu erfüllen? Wo ist die Liebe, nach der ich suche?«

Folgendes ist im wesentlichen, was ich ihnen sage.

# Die Stimme des Herzens

Welche überwältigende Liebe, welch tröstlicher Frieden, welch berauschende Freude erwarten euch in der tiefen Stille eures Innern! Dort werdet ihr Gott finden.

Wenn wir Gott ruhigen Herzens und aus tiefster Seele anrufen – mit der kindlich-aufrichtigen Sehnsucht, Ihn zu erkennen und Seine Liebe zu fühlen –, wird Er unweigerlich darauf reagieren. Dann wird diese beseligende Gegenwart des Göttlichen Geliebten die einzige Wirklichkeit für uns. Sie bringt uns höchste Erfüllung und verwandelt unser Leben.

Gott ist der Hafen des Friedens, der Liebe, der Ruhe und der Erkenntnis. Von Ihm erhalten wir die nötige Kraft, den endlosen Anforderungen des Lebens gerecht zu werden.

In jedem von uns befindet sich ein Tempel der Stille, in den der Aufruhr der Welt nicht eindringen kann. Ganz gleich, was sich um uns herum abspielen mag, wenn wir in die heilige Stille unserer Seele tauchen, fühlen wir Gottes segensreiche Gegenwart und werden empfänglich für Seinen Frieden und Seine Kraft.

Laßt euren Geist ständig, oder soviel wie möglich, in Gott ruhen. Daraus ziehen wir die Kraft, Weisheit und große Liebe, nach der unsere Seele hungert. Bleibt innerlich in Dem verankert, der allein in dieser veränderlichen Welt unverändert bleibt: in Gott.

Wenn wir unser inneres Selbst erforschen, werden wir einen Hunger, eine Sehnsucht, ein Bedürfnis nach Liebe entdecken – einer Liebe, die uns vollkommene Erfüllung und eine Sicherheit schenkt, die uns die Welt niemals geben kann – weder durch Geld noch durch Gesundheit, noch durch umfangreiches intellektuelles Wissen.

Gott ist die Sicherheit und höchste Erfüllung, nach der ihr euch sehnt. Nichts auf Erden kommt der Freude der Seele gleich, wenn sie sich in inniger, reiner Liebe mit Gott verbunden fühlt.

Die ganze Welt mag uns enttäuschen oder im Stich lassen, doch wenn wir innig mit Gott verbunden sind, werden wir uns nie allein und verlassen vorkommen. Es wird immer dieser Jemand an unserer Seite sein – ein treuer Freund, ein treuer Liebender, eine treue Mutter oder ein treuer Vater. Ganz gleich, wie ihr euch Gott vorstellt, Er wird genau das für euch sein.

Wendet euch zuerst an Ihn, dann werdet ihr sehen, auf welche wunderbare Weise Er euer Leben und eure Seele erfüllt. Wenn ich jetzt in mich hineinschaue und mich frage, ob meine Seele nach irgend etwas verlangt, erhalte ich immer die gleiche Antwort: Mir fehlt es an nichts; meine Seele hat in meinem geliebten Gott Erfüllung gefunden.

Gott allein kann uns das geben, was wir im tiefsten Innern brauchen. ...

Wer dies einmal verstanden hat, wird nach einem Weg suchen, der ihn Gott näherbringt. Die Methode, die ich angewandt habe, besteht ganz einfach darin, mich zuallererst nach Gott zu sehnen und dann durch Hingabe eine persönliche Beziehung zu Ihm herzustellen.

Wer eine innige Beziehung mit Gott haben möchte, muß Ihn erst einmal kennen. Wenn man euch aufforderte, jemanden zu lieben, den ihr überhaupt nicht kennt, würde euch das sicher schwerfallen – selbst wenn man euch erzählte, welch wunderbare Eigenschaften dieser Mensch besitzt. Doch wenn ihr ihm begegnet und einige Zeit mit ihm zusammen seid, könnt ihr ihn kennenlernen, allmählich Zuneigung zu ihm entwickeln und ihn schließlich lieben. Nach dem gleichen Prinzip verfährt man auch, wenn man Gott lieben lernen will.

Es fragt sich nun, *wie* man Ihn kennenlernen kann. Hierbei spielt die Meditation eine wichtige Rolle. Alle heiligen Schriften ermutigen den Menschen, der Gott finden und erkennen will, sich still hinzusetzen und Zwiesprache mit Ihm zu halten.

In unserer Lehre üben wir zu diesem Zweck Meditationstechniken, wir singen hingebungsvolle Lieder und beten. Dazu braucht man eine bestimmte Methode. Ihr könnt Ihn nicht erkennen, wenn ihr nur ein Buch über göttliche Freude und Liebe lest. Obgleich geistige Bücher innere Begeisterung und Glauben erwecken, können sie euch nicht an das endgültige Ziel führen. Auch hilft es wenig, sich nur einen Vortrag über Gott anzuhören. Ihr müßt still meditieren, sei es auch nur wenige Augenblicke am Tag, in denen ihr euren Geist von allen anderen Dingen abwendet und allein auf Gott richtet. Auf diese Weise lernt ihr Ihn allmählich kennen; und wenn ihr Ihn einmal kennt, könnt ihr gar nicht anders als Ihn lieben.

Haltet euch in eurer Seele einen Platz frei, an den ihr euch jeden Tag zurückziehen könnt, um in aller Stille mit Ihm allein zu sein.

Während des Tages gibt es unzählige Gelegenheiten für uns, den Geist nach innen zu wenden und zu Gott zu sprechen – und sei es nur für einen Augenblick.

Wenn ihr nur zehn Minuten am Tag innig zu Gott sprecht und dabei keinen anderen Gedanken habt als Ihn, werdet ihr eine erstaunliche Veränderung in eurem Leben feststellen. Darüber besteht kein Zweifel.

Es sind nicht immer die langen Gebete, die Sein Herz bewegen. Wenn man nur einen Gedanken aus tiefster Seele ständig wiederholt, antwortet Gott auf wunderbare Weise.

Mir gefällt nicht einmal das Wort *beten*, das eine formelle, einseitige Anrufung Gottes zu bedeuten scheint. Für mich gibt es eine natürlichere, persönlichere und wirksamere Art des Betens: mich mit Gott zu unterhalten und zu Ihm zu sprechen wie zu einem mir nahestehenden, lieben Freund.

Auf welche Weise gewinnt man Menschen am leichtesten? Nicht durch Vernunft, sondern durch Liebe. Daher ist es nur logisch, daß man auch den Göttlichen Freund am besten für sich gewinnen kann, wenn man Ihn liebt.

Zu eurem Kind, eurer Frau, eurem Mann oder euren Eltern sagt ihr gewiß ohne Mühe: »Ich hab dich lieb«. Und das macht euch nicht verlegen. Ebenso einfach ist es, nach innen zu gehen, die Türen der kleinen Kapelle des Herzens zu schließen und zu sagen: »Gott, ich liebe Dich.«

Hingabe ist der einfachste Weg, die
Aufmerksamkeit Gottes zu gewinnen.

Wenn jemand zu mir kommt und sagt: »Ich weiß nicht, wie ich Gott lieben soll; ich weiß nicht, wie ich zu Ihm sprechen kann«, sage ich ihm: »Genauso, wie Sie zu mir sprechen, genauso, wie Sie mir jetzt Ihr Herz ausschütten, müssen Sie es auch mit Gott tun.« Es ist erstaunlich, wie Gott diese einfache, aufrichtige Hinwendung zu Ihm erwidert.

Aufrichtigkeit ist die Grundbedingung für das Verhältnis der Seele mit Gott. Das bedeutet, daß man zu Gott gehen und offen und vertraulich, in der schlichten Sprache des Herzens, zu Ihm sagen kann: »Hilf mir, Herr!«

Wir sollten uns nicht den Mantel falscher Frömmigkeit umlegen, wenn wir beten. Das kann Gott nicht beeindrukken. Er will wissen, was spontan aus unserem Herzen kommt.

Der einfachste Weg, eine Antwort von Gott zu erhalten, besteht für mich darin, Ihn innerlich von ganzem Herzen anzurufen: »O Geliebter, mein Geliebter.« Ihr müßt dies immer wieder flüstern, auch wenn ihr es anfangs nicht fühlen könnt. Eines Tages werdet ihr es dann wirklich aus Überzeugung sagen. »Mein Gott, mein Gott; mein Herr, mein Herr. Du bist mein Alles, Du allein!« Mehr Worte sind nicht nötig.

Übt die Meditationstechniken, bis ihr ganz in euch selbst ruht. Dann wählt euch einen Gedanken aus und wiederholt ihn immer und immer wieder, wobei ihr keinen anderen Gedanken dazwischenkommen laßt: »Herr, ich liebe Dich. Ich sehne mich nach Dir – nur nach Dir, nach Dir, nach Dir, mein Gott.« Oh, wie wunderbar es ist, in der Sprache des Herzens so zu Ihm zu sprechen! Dann wißt ihr, was wahre Liebe ist; dann entdeckt ihr, was wahre Freude ist.

Während und am Ende der Meditation erreicht der Gottsucher einen Zustand, in dem sich seine Gedanken auf sehr einfache Weise Ausdruck verschaffen. ... Dann sind Herz, Geist und Seele nur von dem aufrichtigen Gedanken erfüllt: »Es gibt nichts, worum ich Dich bitten könnte, Herr. Ich erwarte nichts von Dir. Ich kann Dir nichts weiter sagen als: ›Ich liebe Dich.‹ Und ich wünsche mir nichts anderes, als mich an dieser Liebe zu freuen, sie in meinem Herzen zu bewahren, meine Seele damit zu erfüllen und ewig davon zu trinken. Es gibt nichts in der Welt – keine geistigen

Fähigkeiten und kein sinnliches Verlangen –, das meine Gedanken von dieser Liebeserklärung ablenken kann.«

Nicht nur jene, die in einem Kloster leben, sondern auch alle, die in der Welt leben, sollten es sich zur Gewohnheit machen, innerlich zu Gott zu sprechen und Ihm ihre Liebe zu schenken. Das ist durchaus möglich. Man muß sich nur ein wenig bemühen. Alle Gewohnheiten, die ihr bisher entwickelt habt, sind nichts anderes als regelmäßig wiederholte körperliche oder geistige Handlungen, die euch schließlich zur zweiten Natur geworden sind. Aber irgendwann einmal habt ihr angefangen, diese Gewohnheiten anzunehmen. Jetzt ist es an der Zeit, euch Handlungen und Gedanken anzueignen, die es euch ermöglichen, schweigend Zwiesprache mit Gott zu halten.

Sagt Gott ganz einfach mit euren eigenen Worten – schweigend, ohne daß andere euch hören können –, daß ihr Ihn liebt. Sagt es Ihm, wenn ihr still meditiert. Und wenn ihr eine belebte Straße entlanggeht oder an eurem Schreibtisch sitzt, flüstert Ihm zu: »Ich liebe Dich, mein Gott. Ich liebe Dich, Herr.« Dies sollte abends vor dem Einschlafen euer letzter Gedanke sein. Probiert es heute abend einmal aus. Ihr werdet sehen, wie wunderbar das ist und welche Freude es hervorruft. Während ihr dann einschlaft und eure Seele in den Zustand der Ruhe hinübergleitet, singt leise und innig vor euch hin: »O Herr, ich liebe Dich, ich liebe Dich, mein Gott.«

Ob ihr traurig oder glücklich seid, ob ihr krank seid oder vor Lebenskraft überschäumt, ob alles schiefgeht oder ob euch alles gelingt – ihr solltet jederzeit immer nur einen Gedanken wiederholen: »Mein Gott, ich liebe Dich.« Und sagt Ihm das von ganzem Herzen.

Wieviel erfüllender und schöner das Leben wird, wenn ich beim Gebrauch meiner Sinne Gott nie aus den Augen lasse. Dann kann ich die Seele in den Menschen sehen und innerlich sagen: »Sie sind meine Freunde, ich habe sie lieb.« Ich schaue mir die Vögel und Bäume an und sage: »Ich liebe sie.« Dennoch weiß ich: »Herr, in Wirklichkeit bist Du es, den ich liebe. Du hast mir Augen gegeben, mit denen ich in allen Dingen und allen Menschen, die Du geschaffen hast, das Schöne sehe.«

Wenn ich sehe, wie die Menschen mit so vielen Problemen zu kämpfen haben – Frustrationen, Unzufriedenheit, Enttäuschungen –, tut mir das Herz weh. Warum werden die Menschen von solchen Sorgen geplagt? Nur aus einem Grunde: weil sie das Göttliche vergessen haben, dem sie entsprungen sind. Wenn ihr einmal erkannt habt, daß das, was euch fehlt, Gott ist, werdet ihr euch bemühen, diesen Mangel zu beheben, indem ihr täglich meditiert und Gott in euer Bewußtsein einlaßt. Dann wird die Zeit kommen, da ihr so ganz, so vollkommen von Ihm erfüllt seid, daß euch nichts mehr erschüttern oder aus der Ruhe bringen kann.

Versucht auch dann noch Liebe für Ihn zu fühlen, wenn das Herz wie ausgetrocknet scheint. Darauf müßt ihr euer ganzes Leben ausrichten – nicht nur ein paar Minuten oder Stunden am Tag, nicht nur ein paar Jahre lang, sondern jeden Augenblick bis zum letzten Lebenstag. Dann werdet ihr am Ende eures Weges erfahren, daß der Göttliche Geliebte euch dort erwartet.

Wenn ihr unaufhörlich Zwiesprache mit Gott haltet, so wie euer Herz es euch eingibt, kann euch jeder Tag auf diesem Weg Freude, Heiterkeit, Mut, Kraft und Liebe schenken.

Die meisten Leute geben auf, weil sie meinen, daß Gott ihnen nicht antworte; doch auf Seine Weise und zu Seiner Zeit läßt Er euch Seine Gegenwart fühlen. Eines unserer Probleme besteht darin, daß wir vergessen zuzuhören! Das richtige Zuhören gehört zur Zwiesprache mit Gott. In der Bibel heißt es: »Seid stille und erkennet, daß ich Gott bin!«

Hier und in anderen Ländern fragen mich die Menschen oft: »Wie können Sie so viele Stunden regungslos meditieren? Was tun Sie während dieser Zeit der Stille?« Die Yogis des alten Indien haben die Wissenschaft der Religion entwickelt. Sie haben entdeckt, daß es möglich ist, den Geist mit Hilfe bestimmter wissenschaftlicher Techniken derart zu beruhigen, daß er nicht einmal von den kleinsten Wellen ruheloser Gedanken gestört oder abgelenkt wird. In einem solch klaren See des Bewußtseins schauen wir die Widerspiegelung des Göttlichen im eigenen Innern.

Gott ist immer da. Es ist nicht so, daß Er plötzlich aus irgendeinem Teil des Weltraums hervortritt und sich uns nähert. Er ist immer bei uns, aber wir wissen es nicht, weil wir innerlich nicht mit Ihm verbunden sind. Wir lassen es zu, daß Launen, Gefühlsausbrüche, Überempfindlichkeit, Zorn und die dadurch entstehenden Mißverständnisse uns so sehr aufwühlen und unsere Sicht trüben, daß wir Seiner Gegenwart nicht gewahr werden.

Alle heiligen Schriften der Welt behaupten, daß wir Gott zum Bilde geschaffen sind. Wenn das stimmt, warum wissen wir dann nicht, daß wir ebenso makellos und unsterblich sind, wie Er es ist? Warum wird es uns nicht bewußt, daß wir Verkörperungen Seines Geistes sind? ...

Was sagen wieder die heiligen Schriften dazu? »Seid stille und erkennet, daß ich Gott bin.« »Betet ohne Unterlaß.« ...

Wenn ihr regelmäßig und mit unverminderter Aufmerksamkeit Yoga übt, wird die Zeit kommen, da ihr plötzlich feststellt: »Oh, ich bin nicht dieser Körper, obgleich

ich ihn gebrauche, um mich mit der Welt auseinanderzusetzen; ich bin nicht dieser Geist mit all seinen Gemütsbewegungen des Zorns, der Eifersucht, des Hasses, der Gier und der Ruhelosigkeit. Ich bin der wunderbare innere Bewußtseinszustand. Ich bin Gottes Ebenbild – ein Abbild Seiner Glückseligkeit und Liebe.«

Menschen, die im Bewußtsein Gottes leben, sind immer auf Ihn eingestellt. Ihre Gedanken kreisen ständig um eine Ausdrucksform des Göttlichen: Du bist mein Gott, mein Vater, meine Mutter, mein Kind, mein Freund, mein Geliebter, meine ganze Liebe, Du bist mein eigen.

Bemüht euch um eine persönlichere Beziehung zu Gott, indem ihr euch als Seine geliebten Kinder oder Seine Freunde betrachtet. Wir sollten uns des Lebens erfreuen, indem wir in dem Bewußtsein leben, daß wir all unsere Erlebnisse diesem Einen anvertrauen können, der in höchstem Maße gütig und verständnisvoll ist und uns liebt.

Die meisten Menschen haben gar keine Vorstellung davon, was Gott ist. Für viele ist Gott nur ein Name. Manche meinen, Er habe eine Gestalt; andere glauben, Er sei formlos. Es ist töricht anzunehmen, daß Er entweder eine Gestalt haben oder gestaltlos sein müsse, denn Er ist beides. Gottes Wesen ist unbegrenzt: Er ist »alles für alle Menschen«. Jeder Gottsucher kann mit Recht an der Vorstellung von Gott festhalten, die ihn am meisten anspricht.

Wichtig ist vor allem, daß die Vorstellung, in die ihr das Unendliche kleidet, eure Hingabe erweckt.

Wenn ihr euch einen persönlichen Gott überhaupt nicht vorstellen könnt, dann gebt den Gedanken daran auf. Konzentriert euch auf die Unendliche Glückseligkeit, die Unendliche Intelligenz, das Allgegenwärtige Bewußtsein, wenn euch das überzeugender scheint.

Einmal kam jemand zu mir und sagte: »Für mich ist es unmöglich, mir Gott als Vater vorzustellen. Ich kann keiner Religion folgen, die es für wichtig hält, daß man Gott wie einen Vater liebt und entsprechend zu Ihm betet.«

Ich erwiderte: »Warum regen Sie sich so darüber auf? Gott ist alles in allem. Was glauben Sie denn, das Er ist?«

Er meinte: »Ich stelle mir Gott als eine Mutter vor.«

Und da sagte ich ihm: »Wenden Sie sich an Gott als Mutter. Stellen Sie sich das Unendliche auf diese Weise vor. Später einmal werden Sie erkennen, daß

Gott jenseits aller Formen besteht, daß Er sich aber auch in unzähligen Formen manifestiert.«

Für mich ist Gott gestaltlose, unendliche Liebe. Manchmal stelle ich mir diese Liebe als meinen Geliebten vor, manchmal als meine Göttliche Mutter, manchmal einfach nur als Liebe. Die Vorstellung des gestaltlosen Gottes ist nicht schwer zu verstehen, wenn ihr euch in Erinnerung ruft, daß auch ihr körperlos seid. So wie die Elektrizität in einer Glühbirne eingeschlossen, aber nicht die Birne selbst ist, so seid ihr, die Seelen, in körperliche Glühbirnen eingeschlossen, aber ihr seid nicht der Körper. Wenn ihr erkennt, daß Gott in allen Dingen gegenwärtig ist, wird euch der bloße Gedanke, daß man sich Ihn in jeder Seiner Ausdrucksformen vorstellen kann, schon in himmlische Freude versetzen.

Stellt euch Gott nicht bloß als ein Wort vor, oder als etwas Fremdes, oder als irgend jemanden hoch droben, der darauf wartet, euch zu verurteilen und zu strafen. Stellt Ihn euch so vor, wie ihr es gern hättet, wenn ihr Gott wäret.

Ganz gleich, was wir getan haben mögen, es gibt absolut nichts, das Gott veranlassen könnte, sich von uns abzuwenden. Er wird uns nie im Stich lassen.

Wir brauchen nicht vollkommen zu sein, damit Gott uns liebt. Er liebt uns jetzt – trotz all unserer Fehler und Schwächen.

Eine unserer größten Schwächen besteht darin, daß wir uns vor Gott fürchten. Wir haben Angst davor, Ihm die Dinge einzugestehen, die unsere Seele, unser Herz und unser Bewußtsein quälen. Aber das ist falsch. Der Göttliche Geliebte ist der erste, zu dem ihr mit jedem eurer Probleme gehen solltet. ... Und warum? Weil Er eure Schwächen schon kennt – lange bevor ihr sie selbst erkannt habt. Ihr sagt Ihm also nichts Neues. Doch wie wunderbar erleichternd ist es für die Seele, wenn ihr Gott euer Herz ausschütten könnt.

»O Herr, ich wage es, mit jeder Frage zu Dir zu kommen. Ich bin Dir gegenüber nie scheu oder verlegen oder verletzend, denn Du bist mein Geliebter. Du kennst meine einfache Seele. Du weißt, wie ich mich nach Verständnis und Weisheit sehne. Du siehst meine guten Eigenschaften, aber auch all meine schlechten Neigungen, von denen ich mich noch nicht habe befreien können. Du strafst mich nicht wegen meiner Schwächen, die meine reine Seele verdecken; Du hilfst mir. Ich versuche nicht, meine Unvollkommenheit vor Dir zu verbergen, o Herr. Ich komme voller Demut und Hingabe zu Dir, mit dem einfachen Vertrauen eines Kindes, und bitte Dich um Deine Hilfe. Und ich werde Dich immer weiter bitten, bis Du mir antwortest. Ich werde nie aufgeben.«

Der Herr verurteilt uns nicht, wenn wir straucheln, deshalb sollten wir uns nicht übermäßig Vorwürfe machen. Schenkt Gott einfach mehr Liebe. Ihr müßt Ihn so sehr lieben, daß eure Fehler euch nicht entmutigen und davon zurückhalten können, zu Ihm zu laufen.

Es sind nicht unbedingt unsere Verdienste, die Gott dazu bewegen, uns zu antworten, sondern vor allem unsere tiefe Sehnsucht nach Ihm.

Wenn ihr Gott nur einen Gedanken aufrichtiger Liebe und Sehnsucht sendet, wird Er antworten: »Mein Kind, ein schweigender Ruf aus der Tiefe deiner Seele – und Ich bin augenblicklich bei dir.«

Meine Beziehung zu Gott ist so, daß ich Ihn mir gern in Seiner mütterlichen Ausdrucksform vorstelle. Die Liebe eines Vaters wird oft von der Vernunft bestimmt und richtet sich nach den Verdiensten des Kindes. Doch die Liebe der Mutter ist bedingungslos; wenn es um ihr Kind geht, ist sie ganz und gar Liebe, Mitgefühl und Vergebung. ... An die Göttliche Mutter können wir uns wie ein Kind wenden und ihre Liebe beanspruchen; denn diese gehört uns, ganz gleich, ob wir sie verdienen oder nicht.

Wie innig ist die Beziehung zu Gott, wenn wir uns Ihn als Mutter vorstellen. Eine Mutter liebt ihr Kind, sie vergibt ihm und hält zu ihm, auch wenn es in die Irre geht. So liebt Gott jede Seele. Die Göttliche Mutter sorgt sich sehr um unser Wohlergehen und freut sich, wenn wir glücklich sind. Wer ist mehr daran interessiert, bei ihrem Kind zu sein, ihm Trost und Freude zu schenken, als die Mutter? Ruft euch diese Wahrheit in Erinnerung, wenn ihr tief meditiert und Gott schweigend anruft.

Die Fähigkeit, rein und bedingungslos zu lieben, wird euch durch die Meditation zuteil, wenn ihr Gott liebt und euch schweigend in der Sprache des Herzens mit Ihm unterhaltet. Ich glaube, es gibt keinen Augenblick in meinem Leben, in dem ich nicht zu Ihm spreche. Dabei kümmert es mich wenig, ob Er zu mir spricht oder nicht. Vielleicht ist es seltsam, so zu denken. Ich weiß nur, welche Freude mich erfüllt, wenn ich innerlich zu Gott spreche und mein Bewußtsein dann plötzlich von einer Woge göttlicher Liebe, Glückseligkeit oder Weisheit überflutet wird. Dann weiß ich: »O Göttliche Mutter, Du bist es, die mir all das schenkt, was ich im Leben suche.«

Wenn euch Gutes widerfährt, teilt es zuerst Gott mit. Wenn euch ein Unglück trifft, übergebt es Gott und bittet um Seine Hilfe. Wenn ihr etwas nicht versteht, tragt es Gott vor; sprecht mit Ihm darüber und betet um Führung und richtiges Verständnis. Mit anderen Worten: Bezieht Gott in alle Geschehnisse eures Lebens ein.

In jedem menschlichen Herzen ist eine Leere, die nur Gott auszufüllen vermag. Macht es zu eurer dringlichsten Aufgabe, Gott zu finden.

Vergeßt Ihn nicht. Er liebt euch so sehr!

Lernt Gott von ganzem Herzen zu lieben. Wenn ihr nicht wißt, wie ihr das tun sollt, dann betet ständig: »Gott, zeige mir, wie ich Dich lieben kann. ... Gib mir Liebe. Hier stehe ich vor Dir mit all meinen zerschlagenen Hoffnungen, meinen Ängsten, Schmerzen und Enttäuschungen und sehne mich danach, verstanden zu werden. ... Zeige mir, was Liebe ist.« Dann wird die Zeit kommen, daß euer Geist ganz nach innen taucht und in Gottes seliger Gegenwart ruht, daß ihr beim bloßen Aussprechen Seines Namens diese Liebe fühlt.

Wir müssen Gott gegenüber aufrichtig sein. Was nützt es zu sagen: »Herr, ich liebe Dich«, wenn wir es geistesabwesend tun und an etwas ganz anderes denken? Doch wenn ihr nur einmal mit ganzer Liebe Gottes Namen aussprecht oder ihn immer wieder mit zunehmender Sehnsucht und Konzentration vor euch hinsingt, wird sich euer Leben verwandeln.

Wenn ich mich mit einem von euch unterhielte und dabei alle anderen im Zimmer anblickte oder auf die Uhr schaute oder durchs Fenster beobachtete, was draußen vor sich geht, würdet ihr denken: »Was soll das? Sie spricht zu mir, aber ihre Aufmerksamkeit ist ganz woanders! Sie ist gar nicht an mir interessiert.« Diesen Eindruck vermitteln wir auch Gott, wenn wir geistesabwesend beten.

Gott ist euch so nahe, wie eure Gedanken es Ihm erlauben.

Wenn wir darauf vertrauen, daß Gott nur einen einzigen Gedanken weit von uns entfernt ist und uns immer liebevoll beobachtet, wieviel öfter wenden wir uns dann an Ihn und freuen uns über Seine Nähe.

Wie verzweifelt wir zu Ihm eilen, wenn uns irgendein Unglück im Leben trifft! Wartet nicht, bis das geschieht. Wenn ihr Gott schweigend und von ganzem Herzen anruft, wird Er euch liebevoll antworten.

Wenn ihr euch alle von heute an bemühtet, euch schweigend mit Gott in Verbindung zu setzen und Zwiesprache mit Ihm zu halten, geduldig zu warten und nach innen zu lauschen, würdet ihr feststellen, daß Er den Ruf eures Herzens erwidert. Es kann gar nicht anders sein. Er antwortet euch auch dann, wenn ihr emsig beschäftigt seid.

Seid euch vermehrt der inneren Welt bewußt; dort habt ihr Gott an eurer Seite, könnt mit Ihm sprechen und fühlen, wie Er euch schweigend versichert, daß ihr Sein eigen seid. Eine solche beseligende Beziehung mit Gott kann nur dann entstehen, wenn ihr lernt, mehr nach innen zu gehen – in die »innere Burg«, von der die heilige Theresia sprach.

Wenn ihr nach innen geht und schweigend den Namen des Göttlichen Geliebten ausspricht und wenn eure Sehnsucht nach Ihm aufrichtig ist und ihr es ernst meint, fließt euer Herz vor Freude und Liebe über. Das ist es, was wir uns alle wünschen. Diese Freude, diese überwältigende Liebe läßt sich mit Worten nicht beschreiben. Ich kann verstehen, wie leicht es für die Heiligen ist, ihr ganzes Leben Schweigen zu bewahren, denn Gott und alle, die Ihn wahrhaft lieben, halten ständig selige Zwiesprache miteinander. Die Heiligen ziehen es vor, nicht viel zu sprechen, damit die explodierenden Bomben ihrer Worte die liebende Stimme Gottes im Innern nicht übertönen.

Gott gab jedem von uns einen inneren Tempel der Stille, in den kein anderer einzutreten vermag. Dort können wir mit Ihm allein sein. Wir brauchen nicht viel darüber zu reden. Und das entfremdet uns auch nicht unseren Angehörigen; es macht vielmehr all unsere menschlichen Beziehungen inniger, tiefer und dauerhafter.

Wenn wir direkt zur Quelle gehen, der alle Liebe entspringt – die Liebe der Eltern zum Kind und des Kindes zu den Eltern, die Liebe des Mannes zu seiner Frau und der Frau zu ihrem Mann, die Liebe des Freundes zu seinem Freund –, trinken wir von einem Quell, der unseren Durst in weit höherem Maße stillt, als wir es uns hätten träumen lassen.

Unterhaltet euch innig mit diesem Gott der endlosen Liebe, der euch immer im Tempel der Meditation erwartet.

Vergeßt nie: Gott interessiert ausschließlich das, was in eurem Herzen vor sich geht.

Gott hat uns Gedankenfreiheit und Abgeschiedenheit im Heiligtum unserer Gedanken geschenkt. Niemand kann in diese Freiheit und Abgeschiedenheit eindringen. Damit hat Er uns unbegrenzte Möglichkeiten gegeben, Ihm unsere Liebe zu versichern und uns mit Ihm zu verständigen. Niemand braucht etwas von unserer schweigenden, inneren Anbetung – dem innigen, heiligen Austausch der Liebe und Freude – zu erfahren.

Liebe ist der einzige Tribut, der Gottes würdig ist.

Gott fühlt sich zu mitfühlenden Herzen hingezogen. Er kommt zu jenen Gottsuchern, die reinen Geistes sind und wissen, daß Er sich in allen Lebewesen verbirgt. Denkt immer daran, daß kein anderer als der Herr selbst in allen Menschen wohnt und daß Er sich nur verkleidet hat, um zu sehen, wie ihr reagiert.

Versucht, für alle Kinder Gottes dasselbe zu empfinden wie Er. Wir können soviel Güte und Aufmerksamkeit im Umgang mit anderen entwickeln, wenn wir innerlich immer schweigend beten: »Herr, laß mich dieselbe Liebe für diese Seele fühlen wie Du.« ...

Alle Lebewesen reagieren auf Liebe. Der heilige Franziskus war so sehr von dieser göttlichen Liebe erfüllt, daß sogar Gottes scheue und gefährliche Tiere in seiner Gegenwart ihre Furcht verloren und ihn nicht angriffen. Wer ein Werkzeug göttlicher Liebe ist, entwickelt geistigen Magnetismus und strahlt eine Kraft aus, die alle Disharmonie beseitigt.

In den heiligen Schriften der Hindus steht geschrieben: »Man sollte jedes Unrecht vergeben. ... Vergebung hält das Universum zusammen. Vergebung ist die Macht der Mächtigen; Vergebung ist Opfer; Vergebung ist innerer Friede. Vergebung und Sanftmut sind die Eigenschaften eines Menschen mit Selbstbeherrschung. Sie verkörpern die ewige Tugend.«

Bemüht euch, nach diesem Ideal zu leben, indem ihr allen Menschen Güte und heilende Liebe schenkt. Dann wird Gottes allumfassende Liebe auch in euer eigenes Herz fließen.

Seid nicht zu empfindlich, laßt euch nicht ständig von Gefühlen überwältigen und vom Körper und äußeren Bedingungen abhängig machen. Versucht, mehr in die innere Stille der Seele zu tauchen. Dort ist euer wahres Zuhause.

Schon seit vielen Jahren steht dieses inspirierende Zitat auf meinem Schreibtisch:

»Demut zu besitzen bedeutet, ständig ein ruhiges Herz zu haben. Es bedeutet, sich keine Sorgen zu machen, sich über nichts aufzuregen, nie gereizt oder enttäuscht zu sein und sich niemals verletzt zu fühlen.

Es bedeutet, nichts zu erwarten, sich über nichts, was einem angetan wird, zu wundern und nie das Gefühl zu haben, daß andere einen kränken wollen. Es bedeutet, immer zufrieden zu sein, auch dann, wenn man nicht gelobt oder wenn man kritisiert und verachtet wird.

Es bedeutet, daß ich eine geheime Kammer in meinem Herzen habe, in die ich mich jederzeit zurückziehen kann, um heimlich vor meinem Vater niederzuknien und in ein tiefes Meer des Friedens zu versinken, während alles um mich herum in Aufruhr ist«.[1]

Diese innere Sicherheit und diesen Frieden können wir erlangen, wenn wir unseren Geist fest auf Gott gerichtet halten.

---

[1] Von Kanonikus T. T. Carter (1809–1901).

Wißt ihr, wo der wirkliche Grund liegt, wenn wir voll von aufwühlenden Leidenschaften, verletzten Gefühlen und ruhelosen Wünschen sind? Diese Leiden werden durch unsere Einsamkeit, unsere innere Leere hervorgerufen, weil wir Gott nicht kennen. Unsere Seele erinnert sich an die vollkommene Liebe, die wir früher einmal besaßen, als wir noch eins mit dem Göttlichen Geliebten waren, und nach jener Liebe sehnen wir uns in der Einöde der Welt zurück.

Der Frieden und die Harmonie, nach denen wir alle verlangen, sind nicht in materiellen Dingen oder äußeren Umständen zu finden. Das ist einfach nicht möglich. Vielleicht fühlen wir uns für kurze Zeit innerlich erhoben, wenn wir einen herrlichen Sonnenuntergang sehen oder wenn wir uns im Gebirge oder am Meer aufhalten. Doch selbst der erhabenste Anblick kann uns keinen Frieden schenken, wenn wir mit uns selbst in Unfrieden leben.

Wenn wir die äußeren Umstände unseres Lebens harmonisch gestalten wollen, müssen wir zuerst im Einklang mit unserer Seele und mit Gott leben.

Gott erschuf jedes menschliche Wesen Ihm zum Bilde. Dieses göttliche Ebenbild, das jedem von uns innewohnt, ist der *Atman* oder die Seele. ... Wenn ihr mit dieser eurer wahren Natur in Widerspruch steht, werdet ihr boshaft, nervös, gereizt, unzufrieden – ein Opfer eurer Minderwertigkeitsgefühle und anderer psychologischer Störungen. Doch wenn ihr die göttliche Verbindung zwischen eurer Seele und Gott wiederhergestellt habt, wißt ihr, wie man wirklich leben muß. Dann wird euch eine machtvolle Strömung des Friedens, der Liebe und der Glückseligkeit durchfluten und euch immerwährende Erfüllung bringen.

*»Herr, Du bist in mir; ich bin in Dir.«* Laßt eure Gedanken ständig um diese Worte kreisen. ... Fühlt bei jeder Wiederholung die Wahrheit dessen, was ihr bestätigt. Fühlt, wie Gottes Reichtum an Kraft, Frieden und Freude in euch hineinfließt und euch den richtigen Weg weist – je nachdem, was ihr in materieller, gefühlsmäßiger oder geistiger Hinsicht braucht. Fühlt, wie die erdrückenden Mauern der Angst, Begrenzung, Schwäche und Einsamkeit zerbröckeln, während euer Wesen sich immer weiter ausdehnt und von Seinen allgegenwärtigen Armen umfangen wird.

Ihr müßt wissen, daß wir nie allein sind, daß wir nie allein waren und es nie sein werden.

Gott bevorzugt niemanden. Er liebt jeden von uns genauso, wie Er Seine großen Heiligen liebt.

In den heiligen Schriften der Hindus steht, man könne allein dadurch Erlösung erlangen, daß man den Namen Gottes wiederhole. Als ich dies zum erstenmal las, war ich gar nicht in der Lage, mir das vorzustellen. Doch dann erfuhr ich, daß es tatsächlich möglich ist, wenn hinter diesem geistigen Gebet die ganze Sehnsucht und das Verlangen der Seele steht: »Mein Gott, ich liebe nur Dich, ich will nur Dich, ich verlange nur nach Dir.«

Viele Gottsucher haben mir gesagt: »Aber ich *habe* doch gebetet.« Der Christ sagt vielleicht: »Dreiundzwanzig Jahre lang habe ich täglich meine Gebete gesprochen.« Und der Moslem: »Ich habe dreiundzwanzig Jahre lang getreulich das *Namas* verrichtet«. Und der Hindu: »Ich habe immer *Japa* geübt und mein *Puja* vollzogen.« Dennoch klagt jeder von ihnen: »Ich habe das Gefühl, daß ich überhaupt keine Fortschritte mache. Mein Geist ist so ruhelos, und ich bin so nervös. Woran liegt das?« Es liegt daran, daß das Üben mechanisch geworden ist. Durch Halbherzigkeit oder mechanisch wiederholte Worte der Liebe könnt ihr nie die Liebe eines Menschen gewinnen. Liebe muß aus dem Herzen kommen. Und das fehlt so oft bei den geistigen Übungen.

Es gibt viele Wege, auf denen man Gott finden kann, doch bei jedem von ihnen ist die Hingabe eine wichtige Voraussetzung. Was ist die Grundlage aller Beziehungen zwischen den Menschen, was zieht sie zueinander hin, wenn nicht die Liebe? Was zieht uns zu einem Kind hin, wenn nicht die Liebe? Was zieht uns zu irgend jemandem hin, wenn nicht die Liebe? Sie ist eine gewaltige Kraft in dieser Welt. Wenn ihr einem Kind tief in die Augen schaut und ihm sagt: »Ich hab dich lieb, mein Kind«, dann glaubt euch das kleine Kind. Doch wenn die Mutter ihm sagt: »Ich hab dich lieb«, während sie mit etwas anderem beschäftigt ist, sagt das Kind: »Mammi, sieh *mich* an. Sag es zu *mir*.« Könnt ihr euch nicht vorstellen, daß Gott genauso empfindet?

In der Bhagavad-Gita sagt der Herr: »Wer immerfort an Mich denkt, an den denke Ich auch. Er verliert Mich nie aus den Augen, noch verliere Ich ihn je aus den Augen.« Ich bete darum, daß eure Gedanken von jetzt an schweigend auf den Göttlichen Geliebten gerichtet sind. Er denkt immer an uns; doch wir vergessen Ihn.

Wir wollen uns voller Hingabe an unseren geliebten Gott wenden; und außerdem wollen wir Ihm sagen: »Ich liebe Dich, Gott. Du bist mein eigen. Ich könnte niemanden lieben – weder mein Kind noch meine Eltern, noch meinen Mann, noch meine Frau, noch irgend jemand anderen – wenn Du mir nicht diese Fähigkeit der Liebe geschenkt hättest. Darum liebe ich Dich über alles. Ich liebe Dich, Gott.«

Die größte Freude, die euch zuteil werden kann, besteht darin, euch in der Sprache eurer Seele schweigend mit Gott zu unterhalten. Seine Liebe kann uns niemals enttäuschen; ich spreche aus jahrelanger Erfahrung. Deshalb mahne ich euch: Schenkt Gott eure Liebe, schenkt eure Liebe Gott und Gott allein.

Berauscht euch an Ihm, der die Liebe selbst ist!

Lernt, eine solch innige Beziehung zu Gott herzustellen, daß ihr jedesmal, wenn ihr enttäuscht oder unzufrieden mit eurem Leben seid, zu dieser Einsicht gelangt: Gott hat euch diese Schwierigkeit nur deshalb gesandt, um euch daran zu erinnern, Ihn nicht zu vergessen.

Wie wunderbar ist es, wenn ihr mit der Göttlichen Mutter so eng verbunden seid, daß ihr nie fühlt, Sie sei fern, auch nicht in Zeiten großer Sorgen und Belastungen. Wenn ihr einmal ein solch enges Verhältnis zu Ihr hergestellt habt, könnt ihr alles mit Ihr besprechen und Ihre liebevolle, ermutigende Antwort fühlen. Ihr kommt ja nicht mit einer selbstgefälligen Einstellung zu Ihr oder mit dem Vorwurf, nicht richtig behandelt zu werden – sondern wie ein Kind, das zu seiner Mutter läuft, sie am Kleid zupft und sagt: »Sieh mal, Göttliche Mutter, was machst Du da mit mir?«

Ein Unglück kommt nicht, um uns zu vernichten oder zu strafen, sondern um unserer Seele zu der Erkenntnis zu verhelfen, daß sie unbesiegbar ist. ... Die schmerzlichen Erfahrungen, die wir durchmachen, sind nur der Schatten von Gottes Hand, die sich segnend über uns ausstreckt. Der Herr ist sehr darum bemüht, uns aus der *Maya*, dieser sorgenvollen Welt der Dualität, herauszuhelfen. Wenn Gott es zuläßt, daß wir vor gewisse Schwierigkeiten gestellt werden, dann sind diese nötig, damit wir schneller zu Ihm zurückkehren können.

Sprecht so zu Ihm wie ein Kind. Wenn ihr dies jeden Abend tut, seid ihr bald fest in Ihm verankert. Dann gleicht ihr einem starken Baum, der sich im Sturm zwar biegt, aber nie bricht. Ein morscher Baum zersplittert und fällt schon bei einem leichten Windstoß um. Der Gottsucher lernt, in allen Lebenserfahrungen beweglich zu bleiben, ohne dabei zu zerbrechen. Er ist tief im Göttlichen verwurzelt.

Die einfachste Methode, den Kampf des Lebens zu gewinnen, besteht darin, das Bewußtsein vor allem mit Gedanken an Gott zu erfüllen.

Es gibt verschiedene Hilfsmittel, die es uns ermöglichen, auch während emsiger Tätigkeit unseren inneren Frieden und unser Gleichgewicht nicht zu verlieren. Das erste besteht darin, jeden Tag mit einer Meditation zu beginnen. Wer nicht meditiert, ahnt gar nicht, welch herrlicher Friede das Bewußtsein erfüllt, wenn der Geist tief nach innen taucht. Man kann diesen Zustand des Friedens nicht durch bloßes Denken erlangen; er besteht jenseits des Wachbewußtseins und der Gedankenvorgänge. Deshalb sind die Yoga-Meditationstechniken, die Paramahansa Yogananda uns lehrte, so großartig; alle Menschen in der Welt sollten sie lernen. Wenn ihr sie richtig übt, fühlt ihr wirklich, daß ihr in ein Meer inneren Friedens taucht. Beginnt jeden Tag damit, euren Geist in dieser inneren Stille zu verankern.

Haltet während der Arbeit ab und zu inne und fragt euch: »Wo ist mein Bewußtsein? Sind meine Gedanken innerlich bei Gott oder ganz mit äußeren Angelegenheiten beschäftigt?« Wenn ihr meditiert und dann während eurer Tätigkeit versucht, den Geist auf Gott gerichtet zu halten, werdet ihr ganz von selbst den richtigen Ausgleich im Leben finden. Und ihr werdet zu ruhigeren Menschen, die nicht gleich aufbrausen, sondern stets einen Zustand tiefer innerer Ruhe bewahren.

Inmitten emsiger Tätigkeit, wenn ein halbes Dutzend Probleme eure Aufmerksamkeit gleichzeitig in Anspruch nimmt, ist es nicht leicht, plötzlich innezuhalten und zu denken: »Mein geliebter Gott, bist Du noch bei mir?« Wenn ihr nach dieser schweigenden Anrufung dann Seine tröstende Gegenwart fühlt, wißt ihr, daß ihr geistige Fortschritte macht.

Wenn ihr meinen Ratschlag befolgt, werdet ihr schließlich ständig in einem meditativen Bewußtseinszustand sein – ihr werdet ununterbrochen Gottes Nähe spüren. Dann geht es euch ähnlich wie Bruder Lorenz: Ganz gleich, ob dieser den Boden fegte oder vor dem Altar niederkniete und Gott anbetete, sein Bewußtsein war immer in Gott verankert.[2] Das ist der Zustand, den ihr erreichen wollt; aber ihr müßt euch darum bemühen – ihr erlangt ihn nicht durch Einbildung. Schließlich werdet ihr feststellen, daß ihr auch während der Arbeit, wenn

[2] Bruder Lorenz (1614–1691) war der Verfasser des religiösen Klassikers *Die Gegenwart Gottes*.

ihr den Geist für einen Augenblick nach innen richtet, von einem Quell der Hingabe, der Freude und der Weisheit überflutet werdet. Dann wißt ihr: »Oh, Er ist bei mir!« Dieses Bewußtsein ist eine Frucht der Meditation, an der ihr euch immer erfreuen könnt – in schweigender Gottverbundenheit und inmitten all eurer Tätigkeit.

Die Liebe ist die einzige Wirklichkeit; nichts anderes im Leben kann die Seele dauerhaft anziehen oder fesseln. Vor vielen Jahren sagte ich zu Paramahansa Yogananda: »Es gibt etwas, wonach ich mich im Leben sehne, und das ist Liebe; doch ich möchte sie von Gott empfangen.«

Seine Antwort hat mich tief bewegt: »Dann rate ich dir dies: Nimm diese Sehnsucht mit in deine Meditation. Meditiere tief, so tief, daß dein Geist nur noch von dem einen Wunsch nach göttlicher Liebe, nach Gott erfüllt ist; dann wirst du Ihn, der die Liebe selbst ist, erkennen.«

Zieht euch abends in einen abgeschiedenen Winkel eures Heims zurück, wo ihr allein sein könnt. Ganz gleich, ob euch das Herz schwer ist oder ob ihr Freude und inneren Frieden fühlt, setzt euch ruhig hin und unterhaltet euch in der Sprache eures Herzens mit Gott. Wenn ihr dies beharrlich tut, werdet ihr bestimmt Antwort von Ihm erhalten; es kann gar nicht anders sein. Je öfter ihr mit Ihm sprecht – nicht in gekünstelten, nachgeplapperten Gebeten, sondern mit Worten, die euch tief aus dem Herzen kommen –, um so mehr werdet ihr erleben, daß Er euch dann, wenn ihr es am wenigsten erwartet, antwortet. Wir *können* Gott erkennen; wir *können* mit Ihm in Verbindung treten und Seine Liebe fühlen.

Keine Liebe kommt der Liebe Gottes gleich.

Betet aus ganzer Seele zu Ihm: »Du bist unmittelbar hinter meinen Gedanken, unmittelbar hinter meinem Herzen, unmittelbar hinter meinem Atem, unmittelbar hinter der Liebe, die meine Angehörigen mir schenken. Du bist alles – Du allein!« Gott allein ist bei uns, wenn wir das Licht der Welt erblicken. Er ist es, der unser Leben lenkt, wenn wir es Ihm gestatten. Und Er allein wird bei uns sein, wenn wir diese Welt wieder verlassen.

Ruft Gott aus tiefster Seele an und redet zu Ihm in der Sprache eures Herzens. Legt Ihm all eure Probleme zu Füßen. Ganz gleich, was für Fehler ihr habt, fürchtet euch nicht davor, zu Ihm zu gehen. Er kennt uns; wir können nichts vor Ihm verbergen. Vergeßt nie, daß Er die Liebe selbst ist – voller Barmherzigkeit und Verständnis. Gott weiß auch, wie groß die Täuschung ist, die Er dieser Welt auferlegt hat. Er will uns helfen, ihr zu entrinnen, indem er uns unaufhörlich zuredet: »Schaut auf Mich; schaut auf Mich. Schenkt Mir eure Liebe. Haltet euch an Mir fest!«

Haltet nie Abstand von Gott. Niemals! Er steht uns näher als alle, die uns nahestehen, und Er liebt uns mehr als alle, die uns lieben.

Unsere Beziehung zu Gott wird sehr unkompliziert und innig, wenn wir uns immer wieder daran erinnern, daß Er uns jeden Augenblick nahe ist. Doch wenn wir bei unserer Gottsuche Wunder oder aufsehenerregende Ergebnisse erwarten, übersehen wir vielleicht, wie oft Er sich uns auf heimliche Weise zu erkennen gibt.

»Seid allezeit fröhlich«, sagt uns die Heilige Schrift, »betet ohne Unterlaß, seid dankbar in allen Dingen.« Wenn wir dankbar für die Güte unseres Himmlischen Vaters sind, wird unsere Beziehung zu Gott viel inniger. Dankbarkeit macht uns empfänglich für Gottes Liebe, die sich auf mannigfache Weise Ausdruck verschafft.

Immer wenn euch jemand tagsüber auf irgendeine Weise hilft, seht darin Gottes helfende Hand. Wenn jemand etwas Anerkennendes über euch sagt, erkennt hinter diesen Worten die Stimme Gottes. Wenn euch im Leben etwas Gutes oder Schönes zuteil wird, fühlt, daß es von Gott kommt. Führt alles in eurem Leben auf Gott zurück.

Erkennt all das Gute an, das euch jeder Augenblick, jede Erfahrung bringt, und seid dem großen Geber von Herzen dankbar dafür.

Gott antwortet denjenigen, die sich Ihm gegenüber so verhalten wie ein natürliches, liebevolles und zutrauliches Kind zu seiner Mutter – offenherzig und empfänglich.

Wenn euer Bewußtsein von Sorgen, Spannungen, Ruhelosigkeit und Ungeduld umnebelt wird, könnt ihr die Gegenwart Gottes in eurem Innern nicht wahrnehmen. Ihr müßt ruhig und geduldig warten. Rabindranath Tagore hat es in den folgenden Worten so wunderbar ausgedrückt:

> Hast du nicht Seine
> leisen Schritte gehört?
> Er kommt, kommt,
> kommt immerdar.

Der Gottsucher muß voller Hingabe in das innere Schweigen eingehen und andachtsvoll warten. Dann fühlt er allmählich diese Freude, diese Liebe und diese Göttliche Gegenwart in seinem eigenen Innern. »Er kommt, kommt, kommt immerdar.«

Wenn ihr beharrlich seid und den festen Entschluß faßt, niemals aufzugeben, wird allmählich ein beglückendes Gefühl in euch aufsteigen, das alles, was ihr euch je erträumt habt, weit übertrifft – ein Gefühl der Gottverbundenheit, das niemand antasten kann. ... Wenn ihr ein solches Verhältnis zu Gott habt, könnt ihr euch wahrlich des Lebens freuen.

Wenn ihr Gott liebt, ist euer Geist immer in Ihm verankert. Dann findet ihr in der ewigen Wahrheit Ruhe und werdet nicht mehr von der ständigen Ungewißheit des sterblichen Daseins umhergeworfen. Ihr seid in die stillen Tiefen des Ozeans getaucht, in das Meer Seiner Gegenwart in eurem Innern, wo keine äußeren Stürme euch erreichen können. Dort gibt es keine Unsicherheit mehr für euch – keine Furcht vor Verlust oder Verletzung, nicht einmal vor dem Tode.

Der eigentliche Sinn des Lebens besteht darin, Gott zu finden. Liebt Gott von ganzem Herzen!

## Über die Autorin

Sri Daya Mata, deren Name »Mutter der Barmherzigkeit« bedeutet, hat Menschen aller Glaubensrichtungen und aller Gesellschaftsschichten durch ihre Weisheit und große Gottesliebe inspiriert – Eigenschaften, die sie sich in mehr als 70 Jahren durch tägliche Meditationen und Gebete erworben hat. Sie ist die bedeutendste der noch lebenden Jünger Paramahansa Yoganandas. Im Alter von 17 Jahren trat sie in den von ihm gegründeten religiösen Orden ein und wurde im Jahr 1955 als eine der ersten Frauen dieser Zeit zum Oberhaupt einer weltweiten religiösen Bewegung ernannt. Als Präsidentin der *Self-Realization Fellowship* – der 1920 von Paramahansa Yogananda gegründeten geistigen und humanitären Gesellschaft – hat Daya Mata verschiedene weltweite Vortragsreisen unternommen. Zwei Sammlungen ihrer Vorträge und spontanen Ansprachen sind seither veröffentlicht worden: *Only Love: Living the Spiritual Life in a Changing World* und *Finding the Joy Within You: Personal Counsel for God-Centered Living.*

## ÜBER PARAMAHANSA YOGANANDA

Paramahansa Yogananda (1893–1952) gilt weltweit als eine der überragenden geistigen Persönlichkeiten unserer Zeit. Er stammte aus Nordindien und reiste 1920 in die Vereinigten Staaten, wo er über dreißig Jahre lang die altehrwürdige indische Wissenschaft der Meditation sowie die Kunst eines ausgeglichenen geistigen Lebens lehrte. Durch seine begeistert aufgenommene Lebensgeschichte, die *Autobiographie eines Yogi*, und seine zahlreichen anderen Bücher hat Paramahansa Yogananda Millionen von Lesern in die unsterbliche Weisheit des Ostens eingeführt. Das geistige und humanitäre Werk, das er 1920 gründete, um seine Lehren in aller Welt zu verbreiten, wird heute von der internationalen Gesellschaft *Self-Realization Fellowship* weitergeführt.

## WERKE VON
## PARAMAHANSA YOGANANDA

*Erhältlich in Buchhandlungen oder direkt beim Herausgeber:*

*Self-Realization Fellowship*
*3880 San Rafael Avenue*
*Los Angeles, California 90065 ♦ USA*
*Tel.: (323) 225-2471 ♦ Fax: (323) 225-5088*
*www.yogananda-srf.org*

Autobiographie eines Yogi

Aus der Quelle der Seele
*Wege zum erfolgreichen Beten*

Zwiesprache mit Gott

Das Gesetz des Erfolges
*Gesundheit,*
*Wohlstand und Glück*
*durch die Kraft*
*des GEISTES*

Wo Licht ist
*Den Herausforderungen des Lebens begegnen –*
*Einsichten und Inspirationen*

Die ewige Suche des Menschen

Die Reise der Seele nach innen

Der Wein des Mystikers
*Die Rubaijat des Omar Chajjam – Eine geistige Deutung*

Religion als Wissenschaft

Meditationen zur Selbst-Verwirklichung

Wissenschaftliche Heilmeditationen

Flüstern aus der Ewigkeit

Worte des Meisters

Lieder der Seele

Kosmische Lieder